AF200524

Fett verbrennen

am Bauch

*Erfahre, wie Abnehmen
wirklich funktioniert!*

Lena Siemers

Alle Ratschläge in diesem Buch wurden vom Autor und vom Verlag sorgfältig erwogen und geprüft. Eine Garantie kann dennoch nicht übernommen werden. Eine Haftung des Autors beziehungsweise des Verlags für jegliche Personen-, Sach- und Vermögensschäden ist daher ausgeschlossen.

Fett verbrennen am Bauch: Erfahre, was wirklich funktioniert!

Copyright © 2019 Lena Siemers
www.inselliebe-verlag.de

Alle Rechte, insbesondere das Recht der Vervielfältigung und Verbreitung der Übersetzung, vorbehalten. Kein Teil des Werkes darf in irgendeiner Form (durch Fotokopie, Mikrofilm oder ein anderes Verfahren) ohne schriftliche Genehmigung des Verlages reproduziert oder unter Verwendung elektronischer Systeme gespeichert, verarbeitet, vervielfältigt oder verbreitet werden.

Für Fragen und Anregungen:
info@inselliebe-verlag.de
Auflage 2019

Über die Autorin

Lena Siemers ist eine wahre Expertin, wenn es um die Themen Abnehmen, Ernährung und Fitness geht. Sie weiß genau, wie die beiden großen Bereiche Training und gesunde Ernährung zusammenspielen, um einen schönen, fitten, straffen und vor allem gesunden Körper zu formen.

Häufig wird sie von Frauen um Rat gebeten, die sich nicht zum Sport aufraffen oder eine gesunde Ernährung über einen längeren Zeitraum durchhalten können. Mit viel Freude und Erfahrung hilft sie diesen Personen, denn sie selber hatte früher Übergewicht und war ein wahrer Bewegungsmuffel. Sie weiß also genau, wie sich diese Situation anfühlt und wie man sie hinter sich lassen kann.

Seit einigen Jahren ist sie Nebenberuflich als Autorin tätig, um ihr Wissen an noch mehr Frauen weiterzugeben und ihnen auf diesem Wege zu ihrem Traumkörper und mehr Wohlbefinden zu verhelfen.

INHALT

Vorwort

Den ganzen Tag auf dem Bürostuhl sitzend, das Mikrowellenmenü schon in der Hand und abends mit Chips und Cola auf die Couch. So sieht, grob umrissen, der Alltag vieler Deutscher aus. „Ich habe keine Zeit für gesunde Ernährung" ist eine häufige Entschuldigung für diejenigen, die am liebsten zur Fertigpizza und Tiefkühlkost greifen.

Nahrung im Überfluss und die Möglichkeit, ständig und jederzeit an etwas Essbares zu kommen. Unsere Gesellschaft hat sich verändert. Waren die Probleme unserer Bevölkerung vor 100 Jahren etwa noch, was und wie viel man zu essen finden *konnte*, müssen wir heutzutage eher aufpassen, in dem reichhaltigen Nahrungsangebot unser persönliches Maß zu finden.

Die ständige Sorge darum, Nahrung zu finden und „nicht vom Fleisch zu fallen" ist ein Relikt aus der Steinzeit und bringt uns heute noch dazu, Nahrung aufzunehmen, wann immer sie verfügbar ist. Jedoch bleiben uns lange Läufe auf dem manchmal tagelangen Weg zur Nahrungsbeschaffung im Vergleich zu unseren Vorfahren erspart- die Fahrt zum Supermarkt, in dem *Alles* verfügbar ist, kann man oft in zehn Minuten erledigen.

Sämtlich bekannte Zivilisationskrankheiten bei Menschen in relativ jungen Jahren wie Herz-Kreislauferkrankungen, Diabetes und Erkrankungen am Bewegungsapparat können die direkte Folge von Übergewicht und Adipositas sein.

Über die Hälfte der Erwachsenen in Deutschland ist mittlerweile übergewichtig. Ein Viertel der erwachsenen Bevölkerung ist sogar als adipös zu einzustufen. Bei den Kindern und Jugendlichen in Deutschland ist ein Prozentsatz von 15 % zu verzeichnen. Diese Zahlen sind alarmierend und seit den letzten 50 Jahren als ansteigend zu bezeichnen.

Unterernährung ist ein Problem, was wir in den westlich-zivilisierten Ländern dieser Erde nicht mehr kennen. Auch bei finanziell-und sozial schwachen Familien kämpft man heutzutage meist eher gegen Über- als gegen Untergewicht. *Mangelernährung*, also die Form einer einseitigen und minderwertigen Ernährungsweise, ist dagegen häufiger als Problem zu verorten.

Das Ziel in dieser veränderten Zeit kann es also sein, wieder zurück zu einer ursprünglicheren Ernährungsweise zu kommen, um unserem Körper einerseits die Nährstoffe zu bieten, die er braucht, andererseits wieder zu einer an unseren Verbrauch angepasste Energiezufuhr zurückzukommen.

Einleitung

Low-Carb hier, Paleo da, Raw-Food Bewegung. Im Dschungel aller Ernährungsarten und Philosophien, die von jeweiligen Vertretern als DAS Allzweckmittel für einen gesunden, fitten Körper angepriesen werden, ist es nicht leicht, den Überblick zu behalten. Es scheint, als müsse man nur einer ganz bestimmten Ernährungsweise oder Diät folgen, um den langfristigen Erfolgsgarant zu erzielen.

Alternativ werden auch einzelne Sportarten oder Shakes als die ultimative Abnehmlösung vermarktet. Ebenfalls populär sind Diätprogramme, die „7 Kilo in 2 Wochen" Gewichtsabnahme versprechen. Die Auswahl an Möglichkeiten ist entsprechend der Verwirrung zum individuellen, richtigen Weg groß. Ebenfalls locken diese Programme mit schnellen Erfolgen. So kommt es, dass so Mancher diesen Versprechungen schon auf den Leim gegangen ist, und die eingeschlagene Diät dann nach kurzer Zeit abgebrochen hat. Die Gründe reichen von „es hat sowieso nichts gebracht" bis hin zu „es war viel zu anstrengend".

Ein anderes Phänomen ist es, dass ungesunde Fettleibigkeit und die damit einhergehenden Probleme von den Betroffenen oft verharmlost und beschönigt werden. Viele haben sich mit ihrem *Schicksal* abgefunden und beugen sich diesem. Es läge schließlich in der Familie oder man wäre ja immer schon so gewesen. Dies stimmt tatsächlich teilweise, wie in einem späteren Kapitel auch noch gezeigt, einem *Schicksal* ist jedoch niemand ausgeliefert. Von einem verschwindend geringen Anteil an Menschen, die durch Stoffwechselerkrankungen oder Medikamenteneinnahme tatsächlich kein gesundes Gewicht halten können, einmal abgesehen, kann die Mehrheit der Menschen sich gewiss sein, dass sie den gewünschten Erfolg in der eigenen Hand haben.

Grundlagen

Ein verblüffend einfacher Grundsatz, der eigentlich nicht überrascht, dennoch aber äußerst schwierig umzusetzen sein kann, ist: Wenn dem Körper über einen längeren Zeitraum mehr Energie zugeführt wird, als er benötigt, legt er diese Energie in Form von Reserven an.

Biologisch gesehen ist unser Körper darauf ausgerichtet, für *schlechte Zeiten* einzusparen und die Energiereserven freizusetzen, sobald sie benötigt werden.

Versetzen wir unseren Körper nun in den Zustand einer extremen Kalorienreduktion (das bedeutet, du isst sehr viel weniger als du verbrauchst), kommen wir in einen stressbasierten Zustand. Schaffen wir dies eventuell, einige Zeit durchzuhalten (Die Null-Diät!), stellen sich nach relativ kurzer Zeit Heißhungerattacken ein. Schnell ist man dazu verleitet, so viel Nahrung aufzunehmen, die dem Kalorienbedarf der vergangenen, nahrungsabstinenten Zeit entspricht. Häufig fällt es nach solchen Maßnahmen besonders schwer, wieder in ein *gesundes Essverhalten* zurückzufinden. Hier spielen psychische Faktoren, ebenso wie körperliche Stressreaktionen eine entscheidende Rolle.

Insofern ist aber jedoch die These „Je weniger Energie, desto mehr Gewichtsabnahme" nicht wiederlegt. Wäre man zwei Wochen einer Hungerkur ausgesetzt, setzt mathematisch gesehen automatisch eine Gewichtsreduktion ein. Es ist nur nicht von einem andauernden Erfolg auszugehen, da dieses Verhalten glücklicherweise niemand beibehalten kann.

Es stellt sich also die Frage, wie man auf die Dauer ein balanciertes, gesundes und dennoch erfolgsorientiertes Verhalten etablieren kann, um seine Ziele langfristig zu erreichen.

Leider muss die Illusion der Eier, Ananas-oder Kohlsuppendiät an dieser Stelle genommen werden. Die Gewichtsreduktion basiert im Grunde auf einer

Kalorienreduktion (Niemand kann so viel Ananas, Schokolade oder Hühnereier essen, sodass er davon zunimmt), die mit verschiedenen Methoden erreicht wird. Kurzzeitig sind diese mit Sicherheit „erfolgsversprechend", sind jedoch langfristig nicht empfehlenswert und somit ungeeignet.

Die erwähnten Heißhungergelüste werden durch zwei unterschiedliche Faktoren ausgelöst. Einerseits durch einen plötzlich absinkenden Blutzuckerspiegel, was durch einen vorangegangenen Zuckerkonsum ausgelöst wurde.

Oder aber durch einen Nährstoffmangel, der durch einseitige und minderwertige Ernährung ausgelöst wird. Beide Wege führen zu ständigen *Gelüsten.* Zwar äußern sich diese oft in Form von der Gier nach fettigem, salzigem oder zuckerreichem Essen. Jedoch weisen sie oft auf *Mikronährstoffe* hin, die dem Körper fehlen und ihm eigentlich zugeführt werden sollten. Detailliert wird darüber noch in einem späteren Kapitel berichtet berichtet.

Somit ergeben sich auf dem Weg zur gesunden Gewichtsabnahme und was mitunter noch viel schwieriger ist) der Erhaltung des Zielgewichts zwei Faktoren:

1. Wieviel Energie benötigt mein Körper in seiner täglichen Funktionalität, um das momentane Gewicht zu halten oder zu reduzieren?

2. Welche Nährstoffe brauche ich, um meinen Bedarf langfristig abzudecken, und meinen Körper gesund und leistungsfähig zu erhalten?

Ernährungsindustrie

Kaum einer Industrie ist es seit den 50er Jahren gelungen, einen derart populären Aufstieg zu erlangen, wie der Ernährungsindustrie in den westlich zivilisierten Ländern.

Gerade durch den allgemeinen Wirtschaftsaufschwung in den 50er Jahren wurde Nahrung in den Industrieländern vereinfacht, zugriffsbereit und verzehrbereit verarbeitet und verkauft. Es gab einen kollektiven Aufschwung von Fast-Food Ketten und die Nahrungsmittelproduktion bereicherte vor allem die industriellen Zweige der Wirtschaft. Langsam aber sicher war niemand mehr darauf angewiesen, Nahrung in kleinen Mengen selbst herzustellen und zu verarbeiten. Die billigen Preise lockten zusätzlich und wurden durch Massenproduktion im Getreide-und Fleischsektor mit der Zeit immer weiter nach unten gezogen. Nahrung wurde billig, verfügbar und schnell.

Mit der Massenproduktion musste leider auch die Nahrungsmittelqualität in vielerlei Hinsicht Einbuße verzeichnen. Viele Lebensmittel wurden und werden künstlich aufbereitet, mit Zucker und Geschmacksverstärker versetzt und konserviert. Ebenso sind viele Nahrungsmittel unnötig mit ungesunden und gehärteten Fetten versehen. Fett als Geschmacksträger fungiert in vielen Lebensmittel als „Geschmacksbooster".

Letzten Endes verdienen unterschiedliche Personen an unterschiedlichen Enden und es geht im Grunde darum, die Gewinnspanne für alle Beteiligten zu maximieren.

DIE FITNESSINDUSTRIE

Natürlich hat auch die Fitnessindustrie verstanden, dass sich Unzufriedenheit zu Geld machen lässt. Es gibt unzählige Abnehmshakes, Abnehmbooster und Nahrungsergänzungsmittel auf dem Markt, die in Hülle und Fülle dem Konsumenten angepriesen werden.

Die Wahrheit ist jedoch, dass uns der Kauf dieser Produkte weder Gesundheit noch Abnehmerfolg garantiert. Der Konsument muss schließlich so gesteuert werden, dass er die Produkte langfristig kauft und braucht. Der erste Diätshake hat nicht funktioniert? Kein Problem! Das zugehörige Ergänzungspräparat wird zum Erfolg beitragen. Vier Kilo abnehmen in drei Tagen!

Es geht im Grunde also nicht darum, der breiten Masse langfristig zur Gesundheit und zum Erfolg zu verhelfen, sondern sie in eine *Bedürfnislage* zu versetzen.

BACK TO BASICS

Das Gegenstück zu den dargestellten Fallstricken der Ernährung in unserer Gesellschaft ist wieder ein Ansatz, der eigentlich zu simpel ist, um wahr zu sein. Trotzdem tut man sich auch hier in der Umsetzung relativ schwer.

Der Konsum von ausschließlich oder möglichst naturbelassenen und unverarbeiteten Lebensmitteln in hochwertiger Qualität führt die Ernährung auf ein „neues" Level.

Grundsätzlich gilt, umso verarbeiteter ein Lebensmittel ist (das Endprodukt ist die Tiefkühllasagne!), desto nährstoffärmer und zusatzstoffreicher ist es. Also ein hochgetuntes, haltbargemachtes Produkt, welches für den Körper kaum verfügbare Nährstoffenergie und Vitamine bereithält. Unverarbeitete Lebensmittel sind wie Gemüse, Obst, Fisch & Fleisch. Weitgehend unverarbeitete Getreidesorten wie Haferflocken, Quinoa, Amaranth, Nüsse, Samen und Keime. Milchprodukte sind schon weitestgehend verarbeitet, erhitzt und oft erst als Quark, Käse oder Sahne vorzufinden.

Absolut verarbeitete Lebensmittel sind Backwaren, Süßigkeiten, Wurst- und Molkereiprodukte, Knabbergebäck und Softgetränke. Nebenbei zu nennen sind natürlich auch Fertigprodukte, die paniert, vorfrittiert und in Plastik verpackt sind.

Mit einem Blick in den Kühlschrank wird man schnell feststellen, wie viele industriell gefertigte Produkte man finden kann und wie wenig „echte" Nahrungsmittel zur Verfügung stehen. Grillsaucen und Ketchup reihen sich neben Aufstrichen, Aufschnitten und den kleinen süßen Fruchtjoghurtbechern ein.

Konsequent durchdacht kommt man schnell zu dem Schluss, dass mit dieser Auswahl von *echten* Nahrungsmitteln natürlich nicht immer alles zur Verfügung steht. Die Auswahl würde also eher auf saisonale und regional produzierte Lebensmittel fallen. Zu unterschiedlichen Jahreszeiten stehen unterschiedliche Lebensmittel zur Verfügung. Erdbeeren im Winter kann man im Winter zwar eventuell irgendwo kaufen, wird jedoch schnell am Geschmack und Aussehen feststellen, dass die „Erdbeerzeit" schon länger vorbei war. Während im Winter dunkelgrünes Blattgemüse, Rüben-und Kohlsorten auf dem Plan stehen, sind im Sommer eher frische Früchte und Gemüse und mediterrane Gemüsesorten wie Zucchini, und Aubergine zu empfehlen. Im Herbst stehen dann wieder Sorten wie Kürbis, Pastinaken, Porree und Apfelsorten auf dem Plan.

Die Lebensmittel an die Saison angepasst zu kaufen empfiehlt sich nicht nur für einen besseren Geschmack und einer höheren Nährstoffdichte. Es macht sich auch im Geldbeutel bemerkbar!

Bei der Auswahl von Ölen sollte von tierischen und gehärteten Fetten weitestgehend abgesehen werden. Aufgrund einer höheren Vitamindichte und geringerer Schadstoffbelastung sollte auf kaltgepresste

Öle (wird oft als *nativ* bezeichnet) zurückgegriffen werden. Weitere gute Ölquellen sind in Avocados und Nussmus zu finden. Besonders Mandelmus oder Cashewmus eignet sich hervorragend für Desserts oder auch die Herstellung von Saucen. Zum Braten empfiehlt sich Kokosöl, da dies im Vergleich zu Olivenöl nicht verbrennt, sondern extrem erhitzt werden kann.

Die häufigsten Ernährungsirrtümer

Um gesunde Ernährung und das Thema „Abnehmen" ranken sich viele Mythen und Annahmen. Trotz einer vermeintlich gesunden Ernährung gibt es viele Fallstricke, wie sich viele Leute auf dem Weg zu ihren Zielen selbst sabotieren. Einige davon sollen hier beschrieben werden.

1. Du isst zu viel

Eine Handvoll Nüsse hier, Rohkostschokolade da, 2 Avocados zum Frühstück. Trotz exzellenter Nährwerte wird „gesunde Ernährung" oft schlicht und ergreifend dahingehend übertrieben, dass von vielen Dingen einfach zu viel gegessen wird. Vielleicht ist man auch dazu geneigt, sich so viele gute Lebensmittel wie nur möglich zuführen zu wollen. Die Portionen sind riesig und es wird weit über das natürliche Sättigungsgefühl hinaus gegessen. Trotz dem Label „gesund" bleibt das Ergebnis gleich. Der Energiewert kann unterm Strich schnell zu hoch sein und

2. Gesunde Fruchtsäfte

Leckere, frische Fruchtsäfte, am besten selbstgepresst. Dagegen ist nichts einzuwenden, doch werden diese energiehaltigen Säfte statt Wasser getrunken, schlagen sie ganz schön zu Buche! Ein großes Glas Orangensaft bringt etwa 200 Kalorien mit sich. Säfte sollten also bewusst und relativ sparsam konsumiert werden.

3. 5x am Tag!

Einige Ernährungstheorien besagen, dass es sich günstig auswirkt, wenn man fünf kleine Portionen am Tag isst. Dadurch käme kein Hungergefühl auf und man esse automatisch weniger. Bei einer kontrollierten Kalorienzufuhr *kann* dies gelingen. Häufig bietet dieses Ernährungsmuster aber gerade in „Diätphasen" den Anlass, jedes Mal vollwertige Mahlzeiten zu sich zu nehmen. Außerdem ist der Körper sowie auch der Geist ständig mit dem Thema Essen und der Nahrungsbeschaffung beschäftigt. Für Bodybuilder und Hochleistungssportler ist diese Form der Ernährung sicherlich geeignet, für die normale Durchschnittsperson ist dies allerdings häufig einfach zu viel.

4. Zu spät am Abend zu viel Rohkost

Rohkost spielt besonders in der Vitalkostlehre eine große Rolle. Nahrungsmittel sollten roh und das in rauen Mengen zugeführt werden. Prinzipiell ist rohes Gemüse gesund, jedoch besonders zu Anfang einer Ernährungsumstellung schwer zu verdauen. Vor Allem, da zuvor das gekochte Essen häufig einfach runter geschlungen wurde, muss die Rohkost besonders gut gekaut und eingespeichelt werden. Das rohe, schwer zu verdauende Gemüse verursacht daher schnell Verdauungsbeschwerden und Magenschmerzen. Nach dem späten Nachmittag sollte daher auf Rohkost in größeren Mengen verzichtet werden.

5. Angst vor bestimmten Nahrungsmitteln

Im Rahmen einer gesunden Ernährung manifestiert sich schnell eine bestimmte *Angst* vor Lebensmitteln.

Im Rahmen eines Ernährungsplans oder eines bestimmten Vorhabens ist es natürlich legitim, eine längere Zeit auf gewisse Dinge zu verzichten. Schwierig sind Aussagen wie „Fett macht fett!". So meiden viele Leute bestimmte Makronährstoffgruppen wie Kohlenhydrate oder Fett, verzichten komplett darauf und nehmen so einen Energie-oder Nährstoffmangel in Kauf. Generell gilt: Im richtigen Maß machen grundsätzlich keine Lebensmittel dick! Insofern soll es nun wirklich kein Beinbruch sein, sich auch mal bewusst etwas zu gönnen.

6. Süßstoffe machen schlank

Richtig ist, dass Süßstoff im Vergleich zu Zucker keine Kalorien erhält. Der Körper reagiert jedoch gleich! Zwar spart man bei einer Cola-light Kalorien ein, der Körper reagiert auf die Süßstoffzufuhr jedoch ähnlich: Der Körper schüttet Insulin aus, um den scheinbar aufgenommenen Zucker abzubauen. Da jedoch kein *echter Zucker* zugeführt wurde, wird in der Folge Blutzucker abgebaut. Ein sinkender Blutzuckerspiegel ist die Folge und signalisiert, dass eine Unterversorgung vorliegt. Die Folge ist ein Heißhungergefühl. Insofern kann man nicht sagen, dass Süßstoffe unbedingt schlank machen!

7. Abends essen macht dick

Eine weit verbreitete Annahme ist, dass das abendliche Essen oder auch Naschen vor dem Fernseher dick macht. Diese Aussage ist allerdings sehr pauschalisierend getroffen. Hat man tagsüber sein Kalorienziel schon erfüllt und übersteigt dies noch zusätzlich mit Snacks und Häppchen vor dem Fernseher, nimmt man davon natürlich zu. Dies hat aber weniger mit der Uhrzeit zu tun, als mit der Tatsache, dass das Kalorienziel überschritten und so über den eigenen Bedarf hinaus gegessen wurde. Generell liegt schweres und fettiges Essen am späten Abend natürlich beim Schlafen sehr schwer im Magen und sollte daher tatsächlich eher gemieden werden.

Energiebilanz und Insulinspiegel

Im vergangenen Text wurden die Punkte *Kalorienverbrauch*, *Energiebilanz* und *Insulinspiegel* bereits angerissen. Auf dem Weg zum Verständnis, wie die Funktionen des Körpers perfekt genutzt werden können, um die Reduktion von Körperfett zu erreichen, werden hier einige grundlegende Begriffe geklärt.

KALORIENVERBRAUCH UND ENERGIEBILANZ

Jeder Körper hat durch Aktivität oder Ruhezustand einen gewissen Verbrauch an Energie, die durch Nahrung oder kalorischen Getränken zugeführt werden.

Im Ruhezustand, wenn also ein Mensch nur ruht und ansonsten keine Anstrengungen unternimmt, spricht man bei der Energie, die er dafür aufwenden muss vom Grundumsatz.

Die Energie, die er aufgrund von körperlichen Aktivitäten zusätzlich verbrennt, kann zusätzlich gezählt werden. Hierbei spricht man vom Leistungsumsatz. Dies ist sehr unterschiedlich und hängt stark von der Tätigkeit, die ausgeführt wird, ab.

Die Kalorien, also die Einheit an Nahrungsmittelenergie, die dann insgesamt verbraucht werden, werden als *Gesamtumsatz* bezeichnet. Ist die Anzahl der zugenommenen Kalorien also in etwa zielgleich mit der Anzahl der Kalorien im Gesamtumsatz, befindet sich der Körper genau in dem Bedarfsmodus, in dem er wieder zu oder abnimmt.

Der Kalorienbedarf ist für jeden Menschen allerdings sehr individuell. Er schwankt je nach Alter,

Geschlecht, Körpergröße, Körperzusammensetzung und Aktivitätsniveau.

Durchschnittliche Frauen brauchen generell weniger Energie als durchschnittliche Männer, da der Körperfettanteil von Frauen höher ist und dadurch weniger zu erhaltende Masse versorgt werden muss. Anders sieht das natürlich bei Frauen aus, die im Kraftsport im Leistungsbereich trainieren und nur einen geringen Körperfettanteil, aber ein höheres Körpergewicht durch vorhandene Muskelmasse aufweisen.

Viele Leute haben das Gefühl, dass im Alter das Abnehmen schwerer fällt. Landläufig hört man auch oft, dass „der Stoffwechsel schlechter" werde. Daher müsse man automatisch zunehmen. Diese Wahrnehmung ist zunächst richtig, stimmt faktisch gesehen jedoch nur teilweise. Da der Körper mit zunehmendem Alter weniger leicht Muskelmasse aufbaut und erhält, fällt damit auch der Energiebedarf. Muskeln benötigen zum Erhalt mehr Energie als Fett. Insofern fällt bei der sich verändernden Köperzusammensetzung auch der Energiebedarf. Es müssen also weniger Kalorien aufgenommen werden, um sein Gewicht zu halten. Oft ist zu beobachten, dass sich die Körperzusammensetzung im Alter bei gleichbleibendem Gewicht verändert. Muskelmasse schwindet und der Körper wird schwammiger. Die Konsequenz müsste dann allerdings sein, in erster Linie Muskelmasse aufzubauen oder zu erhalten, anstatt nur weniger Energie zuzuführen.

Insofern ist diese These, man nehme im Alter automatisch zu, also wiederlegt. Dies würde schließlich bedeuten, dass *jeder*, egal in welcher Lebenssituation oder Fitnesszustand er sich befindet, im Alter automatisch zunehmen muss. Tatsächlich geht es vereinfacht gesprochen um eine Veränderung der Muskel/ Fett-Zusammensetzung, die reguliert werden sollte.

Ein ähnliches Phänomen ist bei Leuten, die mit dem Kraftsport anfangen, zu beobachten. Eine Frau startet beispielsweise mit einem Ausgangsgewicht von 64 kg. Sie trainiert über einen langen Zeitraum, verbessert ihren Fitnesszustand und das Spiegelbild ändert sich hin zu einem durchtrainierten Körper. Trotzdem hat sich das Gewicht oft nicht verändert! Wie kann das nun sein? Sie hat doch offensichtlich abgenommen? Dies ist auf das oben beschriebene Phänomen zurück zu führen. Die Körperzusammensetzung hinsichtlich Fett und Muskulatur hat sich massiv verändert, es wurde jedoch kein Gewicht verloren. Trotzdem liegen zwischen zwei solcher Vergleichsbilder oftmals Welten! Die Zahl auf der Waage bleibt also tatsächlich nur eine Zahl und sagt weniger über den Fitnesszustand einer Person aus.

Gute Anhaltspunkte zum individuellen Kalorienverbrauch bieten Online Kalorienrechner oder Apps. Liegt ein Defizit im Kalorienverbrauch vor, nimmt man auf einen längeren Zeitraum gesehen Körpergewicht ab. Liegt ein Kalorienüberschuss über einen längeren Zeitraum vor, wird Körpergewicht zugenommen. Zur Abnahme ist es also zwingend Voraussetzung, dass entweder durch Sport oder Ernährung bedingt, ein Kaloriendefizit vorliegt. Dieses sollte vorerst nicht zu groß sein. Für eine langsame, stetige Abnahme empfehlen sich etwa 300 Kalorien im Minus am Tag. Im umgekehrten Fall ist es daher auch einleuchtend, dass neue Ernährungsgewohnheiten wie bereits ein Latte Macchiato mit Sirup am Tag mehr über einen längeren Zeitraum bereits zu einer Gewichtszunahme führt, wenn diese Kalorien an anderer Stelle nicht eingespart werden.

Einen genauen Richtwert für den Kalorienbedarf am Tag für bestimmte Personen kann daher nicht angegeben werden, sondern muss errechnet werden.

B L U T Z U C K E R S P I E G E L

Wie oben bereits erwähnt, spielt die Insulinaus-
schüttung eine maßgebliche Rolle in unserer täglichen Ernährung. Insulin ist ein körpereigenes Hormon, welches in der Bauchspeicheldrüse produziert
wird. Es ist dafür verantwortlich, den Blutzuckerspiegel zu senken, indem es Körperzellen dazu anregt,
Glucose (Zucker) aus dem Blut aufzunehmen. Der
Blutzuckerspiegel steigt immer dann, wenn dem Körper Zucker in Form von Kohlehydraten zugeführt
wird.

Je öfter am Tag dem Körper Nahrung zugeführt
wird, umso häufiger ist das Hormon Insulin aktiv,
denn die Nahrungsaufnahme sorgt für einen plötzlichen Anstieg des Blutzuckerspiegels, der wieder nach
unten reguliert werden muss. Durch diesen extrem
hohen Abfall des Blutzuckerspiegels entsteht ein
Heißhungergefühl. Insofern führt häufiges Snacken
und kleine Zwischenmahlzeiten zwangsläufig zu
Heißhungergefühlen und steigert somit die Wahr-
scheinlichkeit von Gewichtszunahme. Wichtig zu
erwähnen ist der Unterschied zwischen *langkettigen
Kohlehydraten* und *kurzkettigen Kohlehydrate*. Lang-
kettige (komplexe) Kohlehydrate, die in Vollkornpro-

dukten, Gemüse und Hülsenfrüchten enthalten sind, halten den Blutzuckerspiegel über eine lange Zeit konstant. So werden die extremen Ausschläge des Blutzuckerspiegels vermieden. Die kurzkettigen (einfachen) Kohlenhydraten sind in Weißmehlprodukten, Süßigkeiten und generell zuckerreichen Speisen zu finden. Werden diese konsumiert, haben wir schneller wieder Hunger und spüren keine langanhaltende Sättigung.

Muss ich Sportler werden um abzunehmen?

Die typische Routine, um Körpergewicht zu verlieren, beginnt bei den meisten Leuten so, ihre Ernährung radikal umzustellen und exzessiv Sport zu treiben. Die Motivation ist hoch, doch das Vorhaben scheitert trotzdem oft. „Ich habe überhaupt nicht abgenommen" oder „ich habe nicht durchgehalten". Was vielen nicht klar ist, dass schwerer Kraftsport oder auch Ausdauersport natürlich zu einem gesteigerten Energieumsatz führt. Dies ist erstmal gut und auch für das Ziel Gewichtsabnahme förderlich. Mit der plötzlichen Mehrbelastung entstehen jedoch auch mehr Hungergefühle, der Appetit wird gesteigert. Intuitiv wird dann auch mehr Nahrungsenergie zugeführt, man hat ja schließlich Sport gemacht. Das Kaloriendefizit wird dadurch jedoch nicht mehr aufrechterhalten. Insofern entsteht bei intuitivem Essverhalten häufig die Tendenz, bei einem relativ niedrigen Kalorienverbrauch während der Sporteinheit häufig im Anschluss über seinen Bedarf zu essen.

Diesem Mechanismus sollte man sich bewusst sein, um die ideale Kombination aus Sport und Ernährungsumstellung zu erreichen. Es ist empfehlenswert, zunächst über einen längeren Zeitraum seine Ernährungsgewohnheiten und Energiezufuhr relativ genau zu beobachten und wieder ein Gefühl für Hunger und Sättigung zu erlangen. In dieser Zeit empfiehlt sich leichte Bewegung wie Walking oder Yoga. Ist man in der Lage, seinen Kalorienbedarf kontrolliert nach oben oder unten anzupassen, spricht nichts dagegen, schwere Sportarten mit in seine Tagesroutine einzubinden. Sport hat großartige Effekte auf Körper und Geist! Durch die Bewegung wird die Serotoninausschüttung (das „Glückshormon") ausgeschüttet. Man fühlt sich fitter, beweglicher und wacher. Die Durchblutung wird angeregt und das Hautbild verbessert sich auch dadurch. Besonders Sport an der frischen Luft hat tolle Effekte!

Um die Eingangsfrage zu beantworten lässt sich also sagen, dass man nicht zwingend zum Sportler werden muss, um eine Gewichtsabnahme zu erreichen. Trotzdem kann und sollte Sport längerfristig in den Tagesablauf integriert werden.

Was hat die Genetik mit Alldem zu tun?

Bestimmt ist dir schon aufgefallen, dass es unterschiedliche Körpertypen zu geben scheint und bestimmte Personen unterschiedlich auf Nahrung reagieren. Zwar ist es nicht so, dass man durch seine Gene eine „in Stein gemeißelte" Erscheinung zugeteilt bekommen hat. Jedoch gibt es insgesamt einige Unterschiede, die im Folgenden etwas genauer erklärt werden sollen.

WELCHER ERNÄHRUNGSTYP BIN ICH?

Generell werden in der Ernährungslehre drei unterschiedliche Typen unterschieden. Ähnliche Konzepte existieren auch in abgewandelter Form in der ayurvedischen Ernährungslehre und zeigen im Grunde auf, welche unterschiedliche Beschaffenheit es in der Physiologie des Körpers gibt und auf welche Art der Ernährung man dem Körper am besten gerecht wird.

In der Fachwissenschaft werden drei Stoffwechseltypen unterschieden, die im Folgenden dargestellt werden sollen.

EKTOMORPH

Der ektomorphe Stoffwechseltyp zeichnet sich durch ein hageres und schmales Erscheinungsbild aus und ist als sehr effizienter Fettverwerter zu bezeichnen.

Man erkennt sie häufig an einem mittelgroß bis hochgewachsenen Erscheinungstyp und langen Gliedmaßen sowie eher dünnem Haar. In sportlicher Hinsicht können diese Typen häufig als Marathon-

oder Langstreckenläufer Erfolg haben. Ernährungssünden können eher verziehen werden als bei anderen Typen.

Die Kalorienverbrennung dieser Menschen läuft zwar extrem schnell, jedoch fällt es diesem Typ schwer, Muskelmasse aufzubauen. Schulterbereich und Brustkorb bleiben häufig trotz intensivem Training relativ schmal.

Je nach Ziel empfiehlt sich hier eine proteinreiche Ernährungsweise und ein kraftorientiertes Training.

MESOMORPH

Dieser Stoffwechseltyp zeigt sich durch eine athletische Erscheinung. Er baut schnell Muskulatur auf und verfügen tendenziell über ein idealtypisches Verhältnis zwischen Muskeln, Skelett und Fett. Frauen haben oft eine sanduhrfürmige Silhouette mit einem aufrechten Gang, wohingegen Männer häufig bereits durch dezentes Training einen V-förmig trainierten Rücken zu bekommen.

Erkennungsmerkmale sind häufig markante Gesichtszüge und kräftiges, volles Haar.

Dieser Typ entwickelt häufig schnell Muskelkraft und es fällt ihm auch nicht schwer, nach längerer Trainingspause einen guten Trainingszustand wiederherzustellen. Allerdings verbrennt er nicht so viel Fett wie der ektomorphe Typ und muss daher eher auf eine langfristig disziplinierte Ernährung achten, gleicht Ernährungsfehltritte aber häufig schnell wieder aus.

ENDOMORPH

Menschen des endomorphen Typs sind in ihrer Statur eher kompakt und wirken häufig trotz eines definierten Muskelkorpus schnell konturlos und rund. Die Figur geht häufig eher in die Breite als in die Höhe und die Gliedmaßen sind im Verhältnis zum übrigen Körper eher kurz.

Der endomorphe Typ ist in der Hinsicht von Ernährung eher benachteiligt, da er schneller Fett ansetzt und Nahrung langsamer verbrennt.

Sportlich gesehen sollte er den Fokus auch auf ungeliebte Ausdauereinheiten legen. Kraftübungen sind häufig schnell von Erfolg gekrönt.

WELCHER TYP TRIFFT AUF MICH ZU?

Häufig ist ein Mensch nicht nur durch einen Stoffwechseltyp vertreten. Die dargestellten Typen sind eher als Prototypen zu sehen, da für die meisten Leute eher zwei als ein bestimmtes Merkmal zutrifft. Es ist gut zu wissen, in welche Richtung der eigene Körper tendiert, um das Beste aus sich heraus zu holen.

Die Hormonfalle

Frauen sehen sich aufgrund des monatlichen Zyklus und hormonellen Verhütungsmitteln besonders mit den Auswirkungen und Schwierigkeiten der weiblichen Hormonschwankungen konfrontiert. So ist es nicht ungewöhnlich, dass plötzliche Gewichtsschwankungen von bis zu 2 kg auftreten können.

Gerade in den Tagen vor der Periode neigt der Körper vermehrt zu Wassereinagerungen und es kann mit einer plötzlichen Gewichtszunahme gerechnet werden.

Meist ist dies mit dem Einsetzen der Periode wieder vorbei und Beschwerden wie Brustspannen und

Wassereinlagerungen sind plötzlich wieder verschwunden.

Erste Hilfe bei heftigen Beschwerden können kurzzeitig entwässernde Kräutertees sein. Allerdings wird ein unbalancierter Hormonspiegel oftmals auch durch ungesunde Ernährung begünstigt und es sind mitunter heftige Ausschläge zu verzeichnen.

Daher empfiehlt es sich hier ebenso, auf Zucker, Weißmehl und Alkohol weitestgehend zu verzichten. Ebenfalls ist nicht wegzudiskutieren, dass unser in der Massentierhaltung erzeugtes Fleisch häufig unter dem Zusatz von Wachstumshormonen produziert wird, um einfach schneller größer und kräftigere Tiere zu züchten, um diese ertragreich verarbeiten zu können. Dies sollte man sich bewusst sein.

Gerade Frauen mit extremen Problemen sollten auf eine weitgehend pflanzliche Kost zurückgreifen, um den hormongebeutelten Körper nicht noch weiter zu belasten.

Anzeichen für einen durcheinandergebrachten Hormonspiegel können Hautprobleme wie Akne, Allergien, plötzliche Gewichtszunahme und ständig wiederkehrende Kopfschmerzen sein. Um medizinische Probleme zu vermeiden sollte im Zweifelsfall natürlich ein ärztlicher Rat eingeholt werden.

Effiziente Diäten und Ernährungsformen?

LOW CARB

D ie Diät, oder auch länger zu praktizierende Ernährungsform, die in den letzten Jahren sicherlich die größte Popularität erlang hat, ist die Low Carb Diät. Sie lebt von einem Kaloriendefizit und einer krassen Reduktion von Kohlehydraten, ob einfach oder komplex, im Speiseplan. Die Makronährstoffverteilug erfolgt sehr eiweißlastig und soll in Kombination mit einem Kaloriendefizit schnelle Erfolge versprechen. Fitnesstrainer von Prominenten schwören darauf und unter Kraftsportlern ist sie ebenfalls ein Teil im Diätensortiment.

Schon zu Beginn der Diät erfolgt häufig eine extreme „Gewichtsabnahme" von manchmal zwei bis drei Kilo in der Woche der ersten Zeit der Diät. Die Nährstoffzunahme erfolgt über Eiweißquellen wie Fisch, Fleisch, Eier und eventuell Milchprodukten. Obst, Hülsenfrüchte und viele Gemüsesorten, die lebenswichtige Vitamine liefern werden oft radikal aus dem Speiseplan entfernt, da ein gewisser Zuckeranteil einfach enthalten ist.

Hierbei wird jedoch schnell übersehen, dass sich diese extreme Abnahme oft erstmal auf ein Ausschwemmen von Wasser aus dem Gewebe bezieht und keiner Fettreduktion unterliegt. Das Problem ist, dass Wasser genauso schnell wieder zu wie abgenommen werden kann und im Grunde mit der Kohlehydratzufuhr zusammenhängt. Kommt dir das Gefühl bekannt vor, sich am Tag nach dem Genuss von Pizza und salzigem Essen aufgeschwemmt zu fühlen? Dies ist auch tatsächlich der Fall! Kohlehydrate ziehen Wasser im Gewebe. Es ist allerdings zu bedenken, dass komplexe Kohlehydrate vor allem für Gehirnleistungen aber auch sportliche Betätigung Energie geben und daher essentiell sind! Eine strikte Entwöhnung des Körpers führt zu Mangelerscheinungen, Müdigkeit und Energieverlust. Ebenso extrem sind die körperlichen Reaktionen, wenn nach einer langen Zeit der Kohlehydratabstinenz plötzlich wieder Getreideprodukte zugeführt werden.

Der hohe Gewichtsverlust bezieht sich also zunächst erstmal auf eine Wasserreduktion im Gewebe. Das Kaloriendefizit wird durch den schnell sättigenden Effekt von Eiweiß und einer Normalisierung des Blutzuckerspiegels erreicht. Isst man jedoch generell über seinen Bedarf, wird man auch mit einer Low Carb Diät nicht abnehmen. Fettverlust braucht Zeit und kann nachhaltig gesehen nicht innerhalb einer Woche stattfinden!

Fazit: Die Low Card Diät bringt schnelle, sichtbare Resultate, ist jedoch in einer extremen Form nicht alltagstauglich oder nachhaltig. Einen guten Punkt, den man sich aus der Ernährungsform abschauen kann, ist der Verzicht auf hochverarbeitete Lebensmittel, Zucker und Weißmehlprodukten.

PALEO

Die Paleodiät ist vielen Menschen als eine Art „Steinzeiternährung" bekannt und streicht sämtliche industriell verarbeitete Lebensmittel vom Speiseplan. Milchprodukte, Süßigkeiten und sämtliche gebackene und industriell aufbereitete Kohlehydrate wie Nudeln und herkömmliches Brot sind nicht erlaubt. Der Fokus liegt auf Fleisch, Fisch, Nüssen, Samen, Obst und Gemüse. Sie hat einige Punkte aus dem Low Carb Ansatz entradikalisiert und hat das Ernährungsspektrum erweitert.

Auch die Paleoernährung funktioniert als Diät nur in Kombination mit einem Kaloriendefizit!

RAW FOOD

Die Raw Food Bewegung, die sich vor einigen Jahren ursprünglich in Australien formiert hat, lebt nach dem Ansatz, nur Nahrung zu konsumieren, die sich im rohen Zustand befindet und maximal auf 40 ° Celsius erhitzt wurde. Es werden hauptsächlich Obst, Gemüse, Nüsse und Samen konsumiert. Es gibt allerdings auch schon leckere rohe Schokolade, die angeblich als kleiner Snack besonders gesund sein soll, da wichtige Nährstoffe auch hier noch nicht zerstört wurden. Da so alle Nährstoffe und Vitamine erhalten bleiben, soll ein Maximum an Vitalität gewährleistet werden. Diese Ernährungsform geht häufig mit dem

Ansatz einer, komplett auf tierische Produkte zu verzichten.

Insgesamt ist dieser Ansatz als interessant und gesundheitsfördernd zu bezeichnen. Jedoch erweist sich diese Ernährungsweise häufig als sehr aufwändig durchzuführen und ein warmes Essen wird besonders in kälteren Gebieten und in den Wintermonaten als Wohltat wahrgenommen. Die Raw Food Ernährung eignet sich insofern als Diät oder zur Gewichtsreduktion, da durch die niedrige Energiedichte der zu konsumierenden Produkte häufig gar nicht über ein Limit hinaus gegessen werden kann. Das Kaloriendefizit erübrigt sich insofern häufig von alleine.

DETOX

Detox ist in aller Munde und wird häufig mit Fasten oder Saftkuren in Verbindung gebracht. Der Ansatz ist, keine Flüssignahrung zu sich zu nehmen und den Körper von Schadstoffen zu reinigen. Meist wird über drei bis fünf Tage gefastet und es sind häufig extreme Gewichtsabnahmen zu bezeichnen. Da allerdings kein Mensch von einem solch geringen Energiebedarf längerfristig leben kann, ist es anzuzweifeln, dass mit einer Detox Kur eine langanhaltende

Gewichtsreduktion erfolgen kann. Die Abnahme zielt auf eine komplette Darmentleerung ab, durch die man häufig schonmal drei Kilo verlieren kann. Dies wird dann häufig mit „Abnehmen" verwechselt.

Um sich ein Ziel zu setzen, sich zu fokussieren und den Startschuss für eine gesündere und bewusstere Ernährung zu legen ist *detoxen* ein toller Beginn. Es sollte jedoch klar sein, dass alles, was nur über einen kurzen Zeitraum verfolgt wird, nicht zu langanhaltenden Ergebnissen führt.

UND NUN?

Weiter oben beschrieben wurden die derzeit gängigsten und meist diskutiertesten Diäten und Ernährungsformen vorgestellt. Generell verstehen wir im deutschsprachigen Raum „Diät" also eine relativ kurz andauernde, extreme Maßnahme möglichst schnell Gewicht zu verlieren. Im Englischen bedeutet „Diet" allerdings eher *Ernährungsweise oder Art sich zu ernähren* und zeigt damit einen nachhaltigeren, alltagstauglichen Ansatz.

Generell wurde gezeigt, dass es sehr unterschiedlich anmutende Ernährungsformen gibt, zu einer Gewichtsabnahme aber im Grunde ein Kaloriendefizit erforderlich ist. Dies kann gar nicht oft genug betont werden. Es gab tatsächlich schon Menschen, die zwei große Rindersteaks beorderten, da es ja schließlich „Low Carb" sei und sich noch tatsächlich wunderten, dass keine Gewichtsabnahme erfolgte.

Insgesamt sollte zur Gewichtsabnahme neben einem *ausreichend großen Kaloriendefizit* eine qualitativ hochwertige *Zufuhr von Vitaminen und Mineralstoffen* sichergestellt sein, was am besten über möglichst naturbelassene Nahrungsmittel zu erreichen ist. *Die Reduktion von schädlichen Nahrungszusätzen* und ungesunden Fetten sollte ebenfalls beachtet werden.

Säure-und Basen-haushalt

D ie grundlegenden Punkte zu einer gesunden Ernährungsweise und einer möglichen Gewichtsabnahme wurden nun erklärt. Allerdings gibt es ein interessantes Phänomen, was für einen gesunden, vitalen Körper nicht außer Acht gelassen werden soll.

Die Begriffe „sauer" und „basisch" sind dir vielleicht noch aus dem Chemieunterricht ein Begriff. Es handelt sich um chemische Verbindungen, die von unserem Körper benötigt werden, um essentielle Stoffwechselprozesse optimal ablaufen zu lassen. Säuren und Basen müssen jedoch in einem stabilen Gleichgewicht bleiben. Bei Ärger, Stress und Schlafmangel ist dieses Gleichgewicht jedoch bedroht. Da der Körper Säuren selbst produzieren kann und dies als Nebenprodukt von körperlichen Stresserscheinungen tut, können Basen nur über Nahrungsmittel zugeführt werden.

Ein zusätzliches Angebot an säurebildenden Nahrungsmitteln führt daher schnell zu einer Übersäuerung des Körpers. Müdigkeit, Kraftlosigkeit und Reizbarkeit sind die Folge.

Rein äußerlich wird eine Übersäuerung durch Cellulite und einem aufgeschwemmten Bauch sichtbar. Langfristig begünstigt sie Krankheiten wie Gicht, Rheuma, Atheriosklerose, Bluthochdruck oder Diabetes.

TEST: BIN ICH ÜBERSÄUERT?

In der Apotheke erhältlich sind „pH-Indikatorstreifen", mit denen du selbst testen kannst, ob du übersäuert bist. Optimal ist der Bereich 5-8 im Anzeigebereich, da dies der Bereich ist, in dem sich Säure und Base in unserem Körper im Gleichgewicht befindet.

Die Teststreifen können zu unterschiedlichen Tageszeiten in den Urin gehalten werden, um anhand des pH-Wertes den Grad des Säurestaus abzulesen.

Grundsätzlich gilt in Bezug auf den Basenhaushalt: Die meisten Dinge die süß schmecken, sind Säurebildner, was bedeutet, dass sie im Körper sauer verstoffwechselt werden. Fleisch, Alkohol, Weißmehl, Käse, Kaffee und Zucker produzieren jedoch auch Säuren . Daher ist auch klar, warum in den westlichen Industrienationen die meisten Menschen übersäuert sind. Wir essen zu viele *saure* Lebensmittel.

BASISCH ODER SAUER?

Dagegen hilft vor allem eine basenüberschüssige Ernährung. Basenbildner sind Gemüse, Kartoffel, Linsen, Dinkelprodukte, Molke, Bananen, Nüsse oder Kastanien.

Als Faustregel gilt: Meide Fetthaltiges, Salzhaltiges und Alkohol. Kaliumreiche Lebensmittel wie Bananen, Tomaten und Kartoffeln sind ebenfalls wichtig, weil Kalium nicht nur Nährstoffe in die Zellen transportiert, sondern auch Wassereinlagerungen aus den Zellen transportiert. Es reduziert zudem die Wassereinlagerungen im Zellgewebe und verbessert die Sauerstoff- und Nährstoffverteilung.

Die folgende Aufstellung zeigt, welche Lebensmittel sauer, neutral oder basisch sind:

Sauer	Neutral	Basisch
Gemüsekonserven	Hülsenfrüchte	Kartoffeln, frisches Gemüse, Kräuter & Salate
Fleisch, vorallem Schweinefleisch	Fleischersatz mit Tofu oder Dinkelbratlinge	Pflanzliche Brotaufstriche
Weißmehlprodukte, besonders Kuchen	Vollkornprodukte	Sprossen, Keimlinge, Dinkelprodukte, Hirse, Amaranth, Quinoa
Wurstwaren		
Meeresfrüchte, Muscheln, Austern, Tintenfisch		
Milchprodukte, besonders Käse	Buttermilch, Molke, Ziegenkäse,	

	Sojamilch, Joghurt	
Limonade und Cola (auch Lightprodukte), Fruchtsäfte, Wasser mit Kohlensäure	Stilles Mineralwasser	Frische Obst-und Gemüsesäfte
Kaffee, Schwarztee		Kräutertee
Sekt & Rotwein	Bier und Weißwein	

Exkurs: Ernährung in anderen Ländern

Wie weiter oben bereits angesprochen sind wir in Deutschland seit Beginn einer komplett anderen Ernährung ausgesetzt, als noch vor etwa 100 Jahren. Die Grundfeiler der Ernährung bewegen sich hauptsächlich in einem Kohlenhydrat-und fetthaltigen, ballaststoffarmen Bereich. Wir blockieren unsere Darmgesundheit, indem wir unserem Körper hochverarbeitetes Essen anbieten, aus dem nicht einmal mehr wirklich Nährstoffe gezogen werden können.

Wie schon erwähnt sind die Industrieländer Vorreiter im Bereich „Zivilisationskrankheiten" und Bewegungsmangel. Jede Mahlzeit in typisch deutschen Haushalten wird rigide eingehalten. Nach einem Frühstück bestehend aus Weißbrötchen, Wurst und süßen Aufstrichen steht mittags um 12 Uhr steht der Braten auf dem Tisch, um 16 Uhr gibt es Kaffee und Kuchen, gefolgt von einem Abendessen und anschließenden Snacks auf der Couch. Das andere Extrem ist die absolut unbewusste, nebenbei stattfindende Mikrowellenernährung.

Das Paradebeispiel für eine bewusste Ernährung und der höchsten Lebenserwartung in Kombination mit den wenigsten Zivilisationskrankheiten sind wahrscheinlich die asiatischen Länder. Hier liegt der Fokus auf einer glutenarmen, vitaminreichen & basischen Kost. Es gibt hauptsächlich gedünstetes Gemüse, Fisch, fermentierte Produkte, Sprossen und Keimlinge. Selbst Süßigkeiten bestehen häufig aus Reis und einer süßen Bohnenpaste. Als Getränk gibt es häufig grünen Tee und Quellwasser. Das klingt extrem? Ist es für Mitteleuropäer auch! Die Geschmacksnerven der Asiaten sind allerdings an bittere und pflanzliche Geschmäcker gewohnt.

Ernährung wird zelebriert und auch als Mittel zur Gesundheit betrachtet. Warum also Blutdrucktabletten einnehmen wenn es auch über die Ernährung geht? Vorbeugen ist schließlich besser als Heilen.

Auch in skandinavischen Ländern liegt der Fokus im Vergleich zu Deutschland häufig anders. Zwar gibt es auch hier natürlich Pizza, Burger & Pommes, jedoch zeigt sich der Kontakt zur Natur auch in der Ernährung. Frische Früchte wie Heidelbeeren, Johannisbeeren sowie die in Island vorzufindenden „Krákibeere" sind durch ihre hohe Nährstoffdichte und der hohen Anzahl an hautverjüngenden und zellerhaltenden Stoffen ebenso häufig auf dem Speiseplan zu finden wie frischer Seefisch, der verfügbarer und in der Produktion weniger aufwendig ist als Fleisch aus Massentierhaltung.

Mikro-und Makro-nährstoffe

In den vorrangegangenen Kapiteln war schon häufiger die Rede von Mikro-und Makronährstoffen. Was hat dies mit gesunder Ernährung und Gewichtsabnahme zu tun? Wie zuvor beschrieben steht zur Gewichtsabnahme das angepasste Kaloriendefizit im Mittelpunkt. Um gleichzeitig jedoch in keinen Mangel zu verfallen und Energie für den Alltag zur Verfügung zu haben, sollte jedoch auch das Gleichgewicht der Mikro-und Makronährstoffe im Blick behalten werden.

Unter *Makronährstoffen* verstehen wir die „grobe" Einteilung aus den drei Bausteinen Kohlehydrate, Fett und Eiweiß. Keines davon ist zu vernachlässigen oder komplett aus der Ernährung zu streichen, da jedes Element für sich genommen eine Funktion einnimmt. Kohlehydrate sind schnelle Energielieferanten für den Körper und machen uns für sportliche und kognitive Aufgaben leistungsfähig. Eiweiße sind die Grundmasse für den Aufbau und Erhalt von Muskulatur. Fett ist ebenfalls ein hoher Energieträger und hilft, Nährstoffe und Vitamine für den Körper verfügbar zu machen.

Idealerweise sollte die Makronährstoffverteilung auch in der Gewichtsabnahme bei 75 % Kohlehydrate, 25 % Eiweiß und 15 % Fett bestehen. Ein länger andauernder Verzicht auf einen Makronährstoff schränkt auf Dauer wichtige, oben beschriebene Körperfunktionen ein.

Mikronährstoffe sind Vitamine und Mineralien, die in den einzelnen Nahrungsmitteln vorzufinden sind. Je verarbeiteter ein Produkt ist, beispielsweise ein Weißmehlbrötchen, umso mehr Mikronährstoffe wurden durch den vorangegangenen Produktions- und Verarbeitungsprozess entzogen. Mikronährstoffe sind lebenswichtig und sind für viele funktionierende

Körperfunktionen und Stoffwechselprozesse verantwortlich.

Am nährstoffreichsten sind im Grunde die Lebensmittel, die gerade frisch aus dem biologischen
Kreislauf entnommen wurden, beispielsweise ein
frisch gepflückter Apfel.

Im Folgenden eine kurze Übersicht, welche Mikronährstoffe in welchen Lebensmitteln vorhanden
sind.

Vitamin A	Grünes Blattgemüse, gelbes und rotes Obst und Gemüse
Vitamin B1	Vollkorngetreide, Hülsenfrüchte, Samen & Kerne
Vitamin B12	Fisch, Fleisch, Eier, B12 Präparate
Vitamin E	Kaltgepresste, pflanzliche Öle, Vollkorngetreide, Nüsse, grünes Blattgemüse
Vitamin C	Zitrusfrüchte, Beerenfrüchte, Kiwi, Erdbeeren, Papaya, Brokkoli, Paprika
Eisen	Hülsenfrüchte, Vollkorngetreide, Grünes Blattgemüse, Pfifferlin-

	ge, Haselnüsse
Jod	Felsalat, Champignons, Meersalz, Fisch, jodiertes Speisesalz
Kalium	Vollkorngetreide und Kleie, Hülsenfrüchte, Günes Blattgemüse, Nüsse, Bananen, Kakao
Kalzium	Grünes Blattgemüse, Sesam, Mandeln
Kupfer	Hülsenfrüchte, Nüsse, Kakao
Magnesium	Vollkorngetreide, Hülsenfrüchte, Nüsse & Samen
Mangan	Vollkorngetreide, Kohlgemüse, Beerenfrüchte, Nüsse
Phosphor	Kleie, Hülsenfrüchte, Vollkorngetreide, Nüsse
Zink	Vollkorngetreide, Hülsenfrüchte, Walnüsse, Erdnüsse, Paranüsse
Selen	Paranüsse, Kokosnüsse, Vollkorngetreide, Kleie, Hülsenfrüchte, Kohlgemüse, Fisch
Vitamin D	Wird im Körper durch Sonnenlicht produziert

Der 10-Wochen Action Plan

Nun hast du bereits eine ganze Menge Informationen bekommen. Es klingt mit Sicherheit soweit erstmal alles schlüssig, doch wie wird dies nun alles kompakt umgesetzt?

Der 10 Wochen- Action Plan soll dir helfen, ein strukturiertes Fundament für den Vorhaben zu bekommen. Schritt für Schritt kann es voran gehen, und du musst dich pro Woche immer nur an wenige Veränderungen gewöhnen und nicht von heute auf morgen dein komplettes Leben umstellen. Langsam etablierte Veränderungen sind nachhaltiger als radikale Hau-Ruck-Aktionen!

Woche 1: Einen Überblick verschaffen

In der ersten Woche geht es darum, eine Ausgangslage festzuhalten. Welche Angewohnheiten hast du? Was sammelt sich in deinem Kühlschrank? An welchem Punkt stehst du momentan und welche Ziele möchtest du erreichen? Ein Ziel kann zunächst sein, sich grundsätzlich an den 10-Wochen-Action Plan zu halten und dir deiner Gewohnheiten bewusst zu werden. Was ist also zu tun?

→ Ermittle deinen Kalorienbedarf

Dies funktioniert gut mit mobilen Apps auf deinem Smartphone. Wieviel Energie brauchst du eigentlich und was nimmst du derzeit zu dir? Hierbei wichtig: Sei ehrlich zu dir selbst.

→ Tracke deine Kalorien

Mit oben beschriebener App kannst du Mahlzeiten, Lebensmittel und Getränke tracken und so deren Kalorien ermitteln. Es erfordert zu Beginn etwas Zeit und Überblick, die richtigen Mengen einzugeben, von dem was du verzehrt hast. Du wirst staunen, bei welchen Lebensmitteln du dich vielleicht verschätzt hast!

→ Wiegen

Wenn du dich schon lange nicht mehr gewogen hast, wird es JETZT Zeit, der Wahrheit ins Auge zu blicken und deinen IST-Stand zu evaluieren. Lass dich von dem Ergebnis nicht schockieren und betrachte es als Aufnahme der momentanen Situationen, die du in der Hand hast, zu ändern.

Woche 2: Trinken, Trinken, Trinken

Eine überaus wichtige Angewohnheit und trotzdem oft vergessen, ist eine angemessene Flüssigkeitszufuhr. Oftmals wird sogar Hunger mit Durst verwechselt. Wasser hydriert den Körper und hält unser Gehirn leistungsfähig und schwemmt zudem Giftstoffe aus.

Auch ist selten bewusst, wie viele Kalorien Softgetränke und Kaffeespezialitäten wie Latte Macchiatto haben. Es ist ein Leichtes, allein über Getränke bis zu 1000 extra Kalorien am Tag zu sich zu nehmen! Daher:

→ Starte den Tag mit einem großen Glas lauwarmen Wasser mit einem Spritzer Zitrone darin. Das ist das erste was dein Körper morgens benötigt um wach zu werden und direkt mit Flüssigkeit versorgt zu werden

→ Streiche Saftschorlen, Softgetränke und reduziere Milch auf ein absolutes Minimum in deinem Kaffee.

→ Trinke jeden Tag eine Tasse Kräutertee. Tees wie Pfefferminze, grüner Tee und andere Kräuter hemmen deinen Appetit auf Süßes und kurbeln die Verdauung an. Außerdem verbessert es dein Hautbild, da es zudem Giftstoffe ausschwemmt und die Haut durch die aufgenommene Flüssigkeit geschmeidiger wird.

Woche 3: Die erste Mahlzeit ist gesund!

Es spielt erstmal keine Rolle wann du dein Frühstück zu dir nimmst. Streiche jedoch süße Frühstückscerealien, Weißmehlbrötchen, Pfannkuchen usw. aus deinem Plan. Die erste Mahlzeit des Tages soll gesund sein.

Besonders empfehlenswert sind Porridge-Variationen. Nimm dazu etwa 40 Gramm zarte Haferflocken und übergieße diese mit heißem Wasser, bis der Boden deines Gefäßes bedeckt ist. Koche dies in einem Topf etwas auf oder lass es einfach in einer Schüssel etwas aufquellen. Porridge schmeckt hervorragend mit etwas geschnittenem Apfel und Zimt oder mit verschiedenen gefrorenen Beeren. Probiere die Variationen aus ☺

Die Ballaststoffe der Haferflocken sättigen langanhaltend und bringen deine Darmflora ins Gleichgewicht. Der Verzicht auf raffinierte Zucker und Weißmehl werden deinen Blutzuckerspiegel über den Tag konstant halten.

Woche 4: Bewegung!

Du hast einen Bürojob und kommst eher wenig vor dir Türe? Damit ist jetzt Schluss! Lade dir einen Schrittzähler auf dein Handy und schaue, wie viel du dich tatsächlich bewegst. Am Tag sollten es 10 000 Schritte sein.

→ Ermittle, welche Strecken du unnötigerweise du mit dem Auto oder öffentlichen Verkehrsmitteln fährst, die man eventuell auch laufen könnte.

→ Nimm die Treppe statt dem Aufzug

→ Nutze die Mittagspause für einen kurzen Spaziergang um den Block

→ Plane zwei Mal die Woche eine Walking Einheit von etwa 30 Minuten ein

Woche 5: Unter 5 Gramm Zucker!

Wähle beim Einkaufen und beim Kochen Lebensmittel aus, die in der Nährwerttabelle unter 5 Gramm industriell zugesetzten Zucker haben. Selbst Joghurts haben teilweise einiges an Zucker! Tabu sind also auch Ketchup, Saucen & viele gekaufte Salatdressings. Back to the Basics!

→ Nimm die Dinge ernst und verbanne die zuckerhaltigen Lebensmittel aus deinem Kühlschrank und deiner Küche.

→ Keine zuckerhaltigen Snacks auf dem Sofa!

→ Wenn die süße Heißhungerattacke kommt, trinke ein Glas Wasser.

Woche 6: Übe den Verzicht mit Fastenperioden

Um den Blutzuckerspiegel zu normalisieren, kann es von Vorteil sein, ein drei Tagen in der Woche auf die oben beschriebene Methode des *Intermittierenden Fastens* zurückzugreifen. Beschränke das Zeitfenster, indem du 2-3 Mahlzeiten zu dir nimmst, auf einen Zeitraum von 8 Stunden. Du nimmst automatisch weniger Nahrungsenergie zu dir und du musst keinem komplizierteren Plan verfolgen. Ein Blick auf die Uhr genügt, und du weißt was du zu tun hast.

Woche 7: Der kleine Teller

Nun ran an die Portionsgröße! Viele Leute tendieren dazu, extrem große Portionen zu sich zu nehmen, um ein Sättigungsgefühl zu erlangen. Auch die Magengröße ist allerdings schon in bis zu drei Tagen zu verändern! Isst man also über ein paar Tage hinweg größere Portionen als gewöhnlich, gewöhnt sich der Magen daran und adaptiert seine Größe zu der ihm dargebotenen Menge. In der Folge verlangt er also schneller wieder nach einer relativ ähnlichen Portion, um den leeren Raum zu füllen. Ständiger Hunger und ein weniger schnell eintretendes Sättigungsgefühl sind die Folge. Im umgekehrten Fall geht dies natürlich auch. Es dauert nur unter Umständen etwas länger, da es natürlich weniger verlockend ist, sein Essverhalten einzuschränken als sich maßlos große Portionen zu gönnen.

Ein Trick ist es, von kleineren Tellern zu essen. So wirkt der Teller auch mit einer kleineren Portion optisch voller und es wird schneller das Signal ans Gehirn gesendet, dass „der Teller leer ist" und ein Sättigungsgefühl kann eintreten.

Woche 8: Reduziere Fleisch/ Fett/ Käse

Gibt es ein Lebensmittel, von dem du weißt, dass du es im Übermaß konsumierst? Dies kann die Tendenz sein, alles mit Käse zu überbacken, jeden Tag Fleisch zu essen oder ähnliches. Suche dir eine Sache raus, auf die es dir wirklich schwer fällt zu verzichten und von der du weißt, dass sie dir in Sachen Ernährung und Kalorien wirklich jedes Mal das Genick bricht. Streiche sie von deinem Plan. Tue es einfach.

Woche 9: Change it!

Versuche zu den Dingen, die du gerne isst und als ungesund zu bezeichnen sind, gesunde Alternativen zu finden und diese nachhaltig zu ersetzen.

Ersetze Weißmehlprodukte, (sofern in deinem Speiseplan noch vorhanden ;)) durch gesunde Alternativen wie Dinkelvollkornmehl. So ist auf jeden Fall auch mal eine Pizza im Alltag drin und du bekommst dennoch genügend Ballaststoffe und fühlst dich schneller gesättigt.

Woche 10: Und jetzt...

Du hast nun 10 Vorschläge bekommen, die nun längerfristig durchzusetzen sind. Es geht also um...

→ Kalorien tracken und im angepassten Bedarf essen

→ Gesunde und ausreichende Flüssigkeitszufuhr

→ Die erste Mahlzeit des Tages ist gesund

→ Bewegung in den Alltag integrieren

→ Zuckerhaltige Lebensmittel vermeiden

→ Einen Zeitraum für die Nahrungszufuhr festlegen

→ Streiche 1 ungesundes Lebensmittel komplett aus deinem alltäglichen Speiseplan

→ Angepasste Portionsgröße

→ Finde einen gesunden Ersatz

Wenn du diese Punkte konsequent und zielgerichtet durchsetzt, hast du dir eine solide Basis geschaffen und Angewohnheiten längerfristig etabliert. So kann es losgehen!

Warum Intervall-fasten ein Geheim-tipp ist

Im 10-Wochen-Action Plan wurde unter Punkt 6 bereits das Fasten bzw. das Intermittierende Fasten angesprochen. Das herkömmliche Fasten basiert auf der Idee, über etwa zwei Wochen ausschließlich Wasser und ab dem vierten Tag etwa Gemüsebrühe zu sich zu nehmen. Erfolgsversprechend sollen ein reduziertes Hungergefühl, ein normalisierter Blutzuckerspiegel und ein Gewichtsverlust von einigen Kilos sein. Dies ist mit Sicherheit auch der

Fall, doch wie bei allem anderen gilt auch hier: Positive Effekte stellen sich über die Dauer ein. Definitiv ist es eine Herausforderung, ein zwei-wöchiges Fastenprogramm durchzuziehen. Mit dem Intermittierenden Fasten sichert man sich allerdings langfristig die Vorteile des Fastens in einem durchsetzbaren Rahmen.

Das Intermittierende Fasten lebt davon, lange Essenspausen in den Alltag zu integrieren. Aus praktischen Gründen ist es empfehlenswert, die nächtliche Essenspause nach vorne und hinten auszudehnen. Idealerweise soll in einem Zeitfenster von 8 Stunden gegessen werden, wobei der Zeitrahmen relativ flexibel ist. Eine gute Zeit ist es, im Zeitraum von 12-20 Uhr etwa zwei Mahlzeiten zu sich zu nehmen. Wichtig hierbei ist, dass man in dem kurzen Zeitraum nicht maßgeblich über seinen Kalorienbedarf isst. Zu Beginn wird dieser Zeitraum kurz erscheinen, aber im Grunde wird nur das Frühstück nach hinten verlegt.

Vielleicht kennst du das Gefühl, dass mit der ersten Mahlzeit des Tages der Startpunkt zur Nahrungsaufnahme gesetzt ist. Wird der Tag also um 07 Uhr mit süßen Frühstückscerealien gestartet, wirkt sich erstmal auch der ansteigende und plötzlich abfallende Blutzuckerspiegel und damit verbundene Hungergefühle kontraproduktiv auf den Tagesablauf hinsichtlich der Kalorienreduktion aus.

Ein guter Start für den Tag ist lauwarmes Wasser, Kräutertees und wer möchte auch schwarzen Kaffee. Der Vorteil ist, dass man sich während den beiden Hauptmahlzeiten wirklich satt essen kann und nicht das Gefühl hat, Kalorien einsparen zu müssen. Da der Magen sich auf die Art der Nahrungszufuhr einstellt, verlangt er auch weniger häufiger nach Mahlzeiten. Um sich diesen Ablauf anzugewöhnen, sind etwa zwei bis drei Wochen notwendig.

Inwiefern Sport am Morgen möglich ist, sollte man vorsichtig herausfinden. Häufig ist sportliche Betätigung direkt nach dem Aufstehen effizient und gut machbar.

Die oben beschriebene Methode wird auch als 16/8 Rhythmus bezeichnet.

VARIATIONEN

Eine weitere Methode ist das „Alternate Day Fasting" bzw. der 36:12 Rhythmus. Hier wird innerhalb einer Zeitspanne von 12 Stunden gegessen und anschließend 36 Stunden lang gefastet. So wird beispielsweise im Zeitraum von 09.00 Uhr bis 21.00 gegessen und dann erst am nächsten Tag um 09 Uhr wieder eine Mahlzeit eingenommen.

Die „Eat-Stop-Eat Methode" sieht einen Tag Essen, einen Tag Fasten vor. Generell gesprochen lässt sich feststellen, dass die 16/8 Methode sowohl für den Einstieg als auch für den Alltag am leichtesten durchzuführen ist, und dennoch keine Effizienz einbüßt.

VORTEILE UND ERFOLGE

Ein weiterer Erfolgsgarant bei beiden Methoden ist, dass während den Essenspausen zwischen den beiden Mahlzeiten keine Snacks erlaubt sind, um den Fasteneffekt sicherzustellen.

Besonders „benutzerfreundlich" ist hier die Tatsache, dass grundsätzlich keine Lebensmittel verteufelt werden und es auch im Plan vorgesehen ist, sich unter Umständen auch mal etwas zu gönnen.

Vorteile des Intermitted Fasting sind:

→ Verbesserte Immunabwehr

→ Senkung des Blutdrucks

→ Reduktion von oxidativem Stress

→ Verbesserung der zellulären Regeneration

→ Prävention gegen in unserer Gesellschaft verbreiteten Zivilisationskrankheiten

WAS GILT ES ZU BEDENKEN?

In der Gewöhnungsphase kann es zu Beginn zu einem Energieverlust, Nervosität und extremen Hungergefühlen kommen. Diese Begleiterscheinungen sind in den ersten Tagen normal, können aber baldigst überwunden werden.

Das Intermittierende Fasten eignet sich besonders für Menschen, die noch vor einer Ernährungsumstellung zurückschrecken und noch keine Kapazität haben, sich im größeren Stil mit Ernährung auseinanderzusetzen. So kann Stück für Stück zunächst das Zeitfenster erarbeitet werden und später die gesunde Ernährungsumstellung erfolgen.

Der Smoothie Hype

Du hast schon einiges über Smoothies gehört? Jeder legt sich einen Mixer zu und schreddert seine Nahrung klein? Prima!

Die Smoothies verdienen diesen Hype tatsächlich. Es gibt keine einfachere Möglichkeit, als gebündelt so viele Mikronährstoffe zu sich zu nehmen und gleichzeitig auf eine sehr fettarme und ballaststoffreiche Mahlzeit zugreifen zu können. Das einzige, was du benötigst ist ein relativ leistungsstarker Mixer.

Smoothies eignen sich hervorragend als die erste Mahlzeit des Tages, da die frischen Vitamine und die

Flüssigkeit so das erste sind, was deine Körperzellen flutet. Außerdem ist diese ballaststoffreiche Kost gut zu verdauen und regt die Darmtätigkeit an. Eine besondere Popularität haben in den letzten Jahren die „Grünen Smoothies" erhalten, da sie lecker und gesund sind und durch das enthaltende grüne Blattgemüse wichtige Mineralstoffe bereitstellen.

Wichtig ist, dass die Smoothies selbst gemacht sind, um sich über den zugesetzten Zuckergehalt im Klaren zu sein. Reine Obstsmoothies können wahre Zuckerbomben sein! Da ein gut zubereiteter Smoothie so viele Nährstoffe enthält, ersetzt er eine vollwertige Mahlzeit und entlastet damit das gesamte Verdauungssystem.

DER PERFEKTE SMOOTHIE

Smoothies können in allen möglichen Geschmacksrichtungen hergestellt werden. In dieser Übersicht findest du zusätzlich zu späteren Rezepten, die optimale „Pi-Mal-Daumen-Smoothie Anleitung"!

Du kannst aus jedem Element ein oder mehrere Zutaten auswählen.

Basis: Grünes Blattgemüse wie Spinat, Grünkohl, Feldsalat und Wildkräuter.

Zusätzlich: 1 Stange Sellerie, ein Stück Avocado, Zitronengras

Obstbasis: Banane, Datteln & Orange

Frischekick: Ananas, Zitrone & Limette

Optional: 1 Löffel Hanföl, Spirulina, Weizengraß, Gojibeeren

Wasser: Als Grundlage solltest du stilles Mineralwasser oder gutes Leitungswasser benutzen. Benutze Wasser, je nachdem wie dick-oder dünnflüssig der Smoothie sein sollte.

Notlösungen: Dein Smoothie ist zu dünnflüssig? Schneide noch eine halbe Banane oder 1 Stück Avocado in den Smoothie.

Zu bitter? Ananas oder ein Spritzer Zitrone richten den Geschmack!

Zu Anfang ist es in Ordnung, zunächst mit mehr Obst anzufangen und den „grünen Anteil" langsam zu steigern. Je dunkelgrüner der Smoothie wird, umso gesünder ist er!

30 LECKERE SMOOTHIEREZEPTE

1.Ananas-Spinat-Smoothie

Zutaten: 1 kleine Ananas, geschält, 600 g Spinat, 300 ml stilles Wasser

2.Rote Bete-Smoothie

Zutaten: 1 Banane, geschält, 6 Rote-Bete-Blätter, 1 Birne, entkernt, 150 g Trauben nach Wahl, 200 ml stilles Wasser

3.Spinat-Apfel-Smoothie

Zutaten: 250 ml stilles Wasser, 1 grüner Apfel, entkernt, 30 g Spinat, 2 Kiwis, geschält, Saft von einer halben Zitrone

4.Trauben-Smoothie

Zutaten: 200 g Romanasalat, 200 g dunkle Trauben, 1 Apfel, entkernt, 4 getrocknete Feigen ohne Kern (vorher 8 Std. in 200 ml Wasser einweichen)

5.Spinat-Mandarinen-Smoothie

Zutaten: 2 Bananen, geschält, 300 g Spinat, 300 ml frisch gepresster Mandarinensaft, 2 EL Mandelmus, 1 Stück Ingwer

6.Durstlöscher Smoothie

Zutaten: 300 g Salatgurke, 400 g Cantaloupe oder Honigmelone (ohne Schale), 1 EL Honig, ½ TL getrocknete Lavendelblüten

7.Melonen-Smoothie

Zutaten: 1 Honigmelone ohne Schale, ½ Limette mit Schale, 2 Zitronenmelissenblätter, 1 EL brauner Zucker, 50 ml Buttermilch

8.Beeren-Smoothie

Zutaten: 1 Apfel, entkernt, 1 Banane, geschält, 10 Brombeeren, 2 Handvoll Blattspinat, 1 Staudensellerie, 300 ml stilles Wasser

9.Kiwi-Apfel-Ananas-Smoothie

Zutaten: 1 grüner Apfel, entkernt, ½ Ananas, geschält, 1 Handvoll Spinat, 1 Kiwi, geschält, 1 kleines Stück Ingwer, 1 Schuss Limettensaft, etwas frische Minze

10.Ananas-Bananen-Smoothie

Zutaten: ½ Ananas, geschält, 1 Banane, geschält, 1 cm Ingwer, ½ Kopfsalat, 250 ml stilles Wasser

11.Mango-Melissen-Smoothie

Zutaten: 1 Bund Zitronenmelisse, ½ Handvoll Löwenzahn, ½ Handvoll Spinatblätter, 1 Mango, geschält und ohne Kern, 1 Banane, geschält, 1 Apfel, entkernt

12.Granatapfel-Orangen-Smoothie

Zutaten: 1 Banane, geschält, 1 Granatapfel, geschält, ½ Grünkohl, 2 Orangen, geschält

13. Karotte-Fenchel-Grapefruit-Smoothie

Zutaten: 10 Karotten, 1 Fenchel, 2 Grapefruit, geschält, 1 Apfel, entkernt

14. Papaya-Spinat-Smoothie

Zutaten: 1 Banane, geschält, 1 Papaya, geschält und entkernt, 300 g Spinat, 200 ml stilles Wasser

15. Spinat-Erdbeer-Smoothie

Zutaten: 1 Birne, entkernt, 6 Erdbeeren, 2 Guaven, geschält, 250 g Spinat, 150 ml stilles Wasser

16. Koriander-Sellerie-Smoothie

Zutaten: 1 Handvoll Koriandergrün, 1 Stange Sellerie, 1 Handvoll Möhrengrün, 1 Orange, geschält, 400 ml stilles Wasser, 1 Birne, entkernt

17. Brennnessel-Birnen-Smoothie

Zutaten: 1 große Handvoll Brennnessel, 2 Birnen, entkernt, 250 ml stilles Wasser

18. Rote Beeren-Smoothie

Zutaten: 1 geschälte Banane, 500 g gemischte rote Beeren, 1 Tasse Milch, am besten Mandelmilch, 1EL Haferflocken, etwas Agavensirup

19. Salat-Sencha-Smoothie

Zutaten: 1 Kopf Feldsalat, 1 Handvoll Rucola, 5 Datteln, entsteint, etwas Senchapulver

20. Pampelmuse-Birnen-Smoothie

Zutaten: 2 Birnen, entkernt, 1 geschälte Pampelmuse, 125 g Feldsalat, 6 Blatt Grünkohl, ¼ Liter stilles Wasser

21. Birnen-Chinakohl-Smoothie

Zutaten: 1 Pomelo, geschält, 3 Birnen, entkernt, 4 Blätter Chinakohl, Saft von 1 Zitrone, 4 Datteln ohne Stein, 1 EL Mung-Bohnen-Sprossen, 2 EL Mandeln, 1 EL Sesamöl, 1 TL Zimt

22. Grüner Frühstücks-Smoothie

Zutaten: 350 ml Fruchtsaft, nach Belieben, ½ Zitrone, 1 Stück Ingwer, 2-3 Handvoll Spinat, 1 geschälte Kiwi, 1 entkerner Apfel, 1 geschälte Orange, 6 geputzte Erdbeeren, 2 TL Honig oder Sirup, 1 Schuss Wasser

23. Süßer Smoothie

Zutaten: 1 reife Banane, geschält, 2 Äpfel, entkernt, 2 Handvoll Blattspinat, Grün von 4 Möhren, ½ Liter stilles Wasser

24. Mandarinen-Spinat-Smoothie

Zutaten: Der Saft von 4-5 frisch gepressten Mandarinen, 1 Banane, geschält, 1 Stück Ingwer (ca. 1 cm), ¼ TL gemahlener Kardamom, ½ TL Vanillepulver, 1 Handvoll Spinat, 1 EL Mandelmus, 150 ml stilles Wasser

25. Ananas-Himbeere Smoothie

Zutaten: ¼ frische Ananas, geschält, 1 Handvoll Himbeeren, 100 ml Apfelsaft

26. Grüner Frühlings-Smoothie

Zutaten: 50 g frischer Bärlauch, etwas Dill, 2 frische Cocktailtomaten, 100 g Frischkäse, 300 ml Milch, etwas Salz und Pfeffer

27. Römersalat-Smoothie

Zutaten: 1 Banane, geschält, ½ Mango ohne Kern, 1 Orange, geschält, 5 Blätter Römersalat, 150 ml stilles Wasser

28. Grüner-Heidelbeer-Smoothie

Zutaten: 1 Handvoll Kohlrabiblätter ohne Stängel, 5 Blätter von Radieschen, 1 Blatt vom Sellerie, 150 g Heidelbeeren, 3 entsteinte Zwetschgen

29. Scharfer-grüner-Smoothie

Zutaten: 1 Handvoll frischer Blattspinat, 1 Banane, geschält, ½ Apfel, entsteint, ½ cm Ingwer, geschält, 200 ml Milch, ½ TL Honig oder Sirup

30. Grüner Spinat-Smoothie

Zutaten: 200 g Blattspinat, 2 große geschälte Bananen, 200 ml gepresster Orangensaft, 1 EL Mandelmus, 1 Scheibe geschälter Ingwer

Nachwort

Du hast nun allerhand Ernährungstipps, Fakten und Wissenswertes auf den letzten Seiten erfahren. Wichtig ist, dass du deinen persönlichen und effizienten Rhythmus finden kannst, wie du neue Angewohnheiten schaffst und in deinen Alltag integrieren kannst. Es geht nicht darum, einem bestimmten Ernährungstrend dogmatisch zu folgen oder plötzlich zum Hochleistungssportler zu werden. Frage dich, wie authentisch kann ich dies umsetzen und vertreten, was ich derzeit tue? Welche kleinen Stellschrauben kannst du noch drehen? Denke daran, es geht nicht darum alles perfekt zu machen, sondern deinen eigenen perfekten Weg zu finden!

Haftungsausschluss

Die Umsetzung aller enthaltenen Informationen, Anleitungen und Strategien dieses Buchs erfolgt auf eigenes Risiko. Für etwaige Schäden jeglicher Art kann der Autor aus keinem Rechtsgrund eine Haftung übernehmen. Für Schäden materieller oder ideeller Art, die durch die Nutzung oder Nichtnutzung der Informationen bzw. durch die Nutzung fehlerhafter und/oder unvollständiger Informationen verursacht wurden, sind Haftungsansprüche gegen den Autor grundsätzlich ausgeschlossen. Ausgeschlossen sind daher auch jegliche Rechts- und Schadensersatzansprüche. Dieses Werk wurde mit größter Sorgfalt nach bestem Wissen und Gewissen erarbeitet und niedergeschrieben. Für die Aktualität, Vollständigkeit und Qualität der Informationen übernimmt der Autor jedoch keinerlei Gewähr. Auch können Druckfehler und Falschinformationen nicht vollständig ausgeschlossen werden. Für fehlerhafte Angaben vom Autor kann keine juristische Verantwortung sowie Haftung in irgendeiner Form übernommen werden.

Urheberrecht

Alle Inhalte dieses Werkes sowie Informationen, Strategien und Tipps sind urheberrechtlich geschützt. Alle Rechte sind vorbehalten. Jeglicher Nachdruck oder jegliche Reproduktion – auch nur auszugsweise – in irgendeiner Form wie Fotokopie oder ähnlichen Verfahren, Einspeicherung, Verarbeitung, Vervielfältigung und Verbreitung mit Hilfe von elektronischen Systemen jeglicher Art (gesamt oder nur auszugsweise) ist ohne ausdrückliche schriftliche Genehmigung des Autors strengstens untersagt. Alle Übersetzungsrechte vorbehalten. Die Inhalte dürfen keinesfalls veröffentlicht werden. Bei Missachtung behält sich der Autor rechtliche Schritte vor.

Herstellung und Verlag:
BoD – Books on Demand, Norderstedt
ISBN: 9783749485727

© Lena Siemers 2019
1. Auflage
Kontakt: Psiana eCom UG/ Berumer Str. 44/ 26844 Jemgum
Covergestaltung: Katja Larsson
Coverfoto: depositphotos.com